W0382394

Die Psychologie des Menschen

Warum ich so bin, wie ich bin und wie ich so geworden bin

1.Auflage 2018
Cover : *Lauria / Fiverr*

Inhaltsverzeichnis

1- Warum ich so bin, wie ich bin und wie ich so geworden bin

"Ich bin einfach so und kann nicht anders (reagieren, handeln, tun)" hört man Menschen sagen oder sagt es auch selber gerne." Ich wurde so geboren" ist auch eine beliebte Aussage für so manches Verhalten, das man weder sich noch anderen erklären kann. Man will damit sagen, dass man eben so handelt und nicht anders, aber selten macht sich jemand Gedanken, warum es denn so ist oder hinterfragt sein Verhalten und den Ursprung mancher Angewohnheiten, die ihm selbst gefallen oder nicht so gefallen. Das ist eben so, basta!

Warum braucht ein Mensch wie du und ich, der beruflich etwas ganz anderes macht und die Berufssparte auch nicht wechseln möchte, überhaupt Wissen über Psychologie?

Psychologie ist allgegenwärtig. Selbst wenn wir es nicht wissen, dass wir sie anwenden, tun wir es doch ständig und unbewusst. Sie kann dabei helfen, sich gewisser Sachen bewusst zu werden oder kann als Selbsthilfe in schwierigen Situationen herangezogen werden. Wenn wir eine Sache von allen Seiten betrachten, alle äußeren Faktoren hinzuziehen, den menschlichen Faktor dazugeben, kommen wir meist auf den Auslöser einer verzwickten Situation und können so leichter eine Lösung finden. Wir brauchen keine Kristallkugel, um zu wissen, was jemand meint. Wir lesen sein Verhalten, seine Körpersprache, seine Mimik und Gestik und schon haben wir Psychologie angewendet ohne dass wie ein einziges Mal bei einer Psychologie - Vorlesung waren.

Wie haben schon in einem anderen Buch erwähnt, wie wichtig es ist, **sich selbst besser kennen zu lernen** um die **Körpersprache der Menschen lesen** zu können um ein besseres Verständnis zu entwickeln für das WARUM?

Warum reagiere ich auf bestimmte Situationen so typisch? Wie können wir entschlüsseln, ob das Gesagte wirklich stimmt? Was sagt die Körpersprache eines Menschen, wenn er nichts sagt?

Wenn wir am Bahnhofsschalter eine Fahrkarte kaufen und uns die Schalterbeamtin zuzwinkert und mit einem Lächeln die Fahrkarte gibt und sagt: " Sie sollten sich besser beeilen", haben wir verstanden, dass sie sagen wollte, der Zug fährt in Kürze ab. Daneben haben wir aus dieser kurzen Kommunikationssequenz und einem Blick auf sie folgendes herausgelesen - die Frau ist hilfsbereit, nett; sie ist müde denn sie hat ein Gähnen unterdrückt; sie flirtet gerne; sie ist verheiratet, denn sie trägt einen Ehering; wir haben an ihrem Dialekt erkannt, woher sie stammt usw. Was wir von uns preisgeben, selbst wenn wir nichts sagen, müssen wir andere fragen.

Psychologie hilft dabei, sich selbst und in weiterer Folge andere Menschen und ihr Verhalten besser zu verstehen und mit diesem Verständnis unserer Umwelt und den Menschen, die uns umgeben, auf eine andere, bessere und positive Weise zu begegnen. Sie hilft uns, unsere bisherigen Entscheidungen besser zu verstehen und unsere zukünftigen Entscheidungen mit Bedacht zu treffen. Je mehr wir über uns selbst wissen, desto ausgeglichener, erfolgreicher und zufriedener und damit glücklicher werden wir leben.

Wir können verstehen lernen, was Menschen, wie oben erwähnt, meinen, wenn sie sagen, dass sie so sind, wie sie sind.

Eine einseitige Betrachtungsweise zweier Menschen, die kommunizieren, nämlich jeweils die eigene (die, nebenbei bemerkt, so ist wie sie ist ;=) führt dazu, dass zwei Welten aufeinander prallen und keiner auch nur einen Millimeter von seiner Meinung abweicht, weil er nicht versteht, warum der andere etwas sagt oder tut. Man redet *neben*einander und nicht *mit*einander und geht verärgert *aus*einander:

Blöder Idiot! Dumme Schnepfe!

2- Von Philosophie bis Psychochirurgie

Geprägt wurde der Begriff Psychologie vom Kroatischen Dichter und Humanisten Marko Marulic in seinem Werk "Die Psychologie der menschlichen Seele " entstanden um 1524. Anfangs gehörte sie zu den nicht erklärbaren Wissenschaften und war ein Teil der Esoterik. Schon weil die Bezeichnung Psychologie aus den griechischen Worten *psyche für* Seele und *logos für* Wort oder Rede steht, war sie nicht einzuordnen. Die Seele ist ein philosophisch - religiöser Begriff, und etwas, was man weder mit bloßem Augen noch unter dem Mikroskop betrachten kann.

Heute wird sie sowohl der Geistes- als auch der Natur- und Sozialwissenschaft zugeordnet, da das Wort Seele, wie erwähnt, als philosophisch - religiöser Begriff nicht genau definierbar ist, so dass man von diesem Begriff in der wissenschaftlichen Psychologie absieht.

Psychologie sollte nicht mit der Psychiatrie verwechselt werden. Der Unterschied liegt darin, dass Psychiatrie eine medizinische Wissenschaft ist und sich hauptsächlich mit der Behandlung von psychischen Störungen befasst, Psychologie dagegen nur teilweise mit der Diagnostik psychischer Störungen. Auch wird die Psychologie sehr oft mit nur einem Teilbereich in Verbindung gebracht - der *Psychoanalyse*, deren Gründer der österreichische Neurologe Sigmund Freud war.

Aber schon die alten Philosophen haben sich vor über 2000 Jahren mit der Psychologie des Menschen befasst, allerdings haben sie es im Rahmen der Philosophie getan. Platon sprach davon, dass die Seele der Grundstein des Lebens ist. Nicht nur Menschen, sondern alles, was existiert, hat eine Seele, sowohl der Kosmos in seiner Unendlichkeit als auch der Mensch (Weltseele und menschliche Seele). Sie ist das, was jedes Individuum zu dem macht, was es ist.

In der heutigen Zeit betrachtet die Psychologie hauptsächlich psychische Prozesse, unbewusste und bewusste mentale Vorgänge, die zu einer bestimmte Reaktion geführt haben oder einer nicht äußerlichen Reaktion, wie zum Beispiel denken, lernen, merken. Und selbst, wenn Psychologen ein Verhalten erforschen, geht es hauptsächlich darum, **was** zu diese Verhalten geführt hat.

Anfang des 20-sten Jahrhunderts gab es Wissenschaftler, die der Meinung waren, dass eine Wissenschaft nur das erforschen kann, was sichtbar und messbar ist. Deren Meinung nach kann man nur die äußeren Wirkung der inneren, psychischen Gegenwirkung erforschen. Sie haben die Psychologie als Verhaltensforschung definiert, da das seelische sich den wissenschaftlichen Erkenntnissen entzieht. In der Psychologie stellt das Verhalten eines jeden Individuums einen messbaren Wert dar.

Psychochirurgie und Psychobiologie

Und heute, in einer Zeit, da die Medizin so weit vorangeschritten ist, dass Ärzte der Psychochirurgie in der Lage sind, sogar bei dementen Patienten sowie Patienten mit Tourette, schweren Depressionen oder Zwangsneurosen uvm. mit einer Operation wieder eine Besserung herbei zu führen, wird auch die Rolle der Psyche, der menschlichen Seele, aus einem anderen, neuen Blickwinkel gesehen. Sie sagen, dass die Seele eines Menschen wirklich etwas ist, was man sehen und erforschen kann. Aber nicht so, wie sich das die meisten vorstellen, als ein Hauch, ein Geist, der unseren Körper überlebt.

Psychobiologie und Psychochirurgie sind neue Zweige der Medizin und erforschen bzw. operieren am Gehirn die Areale, die Krankheiten wie Autismus, Alkoholismus und viele andere Leiden auslösen.

Auch schon mancher Autor nennt die Seele nur ein Organ, aber es ist mehr als das. Es ist die Verknüpfung von allen äußeren Einflüssen, der Genetik und der Gehirnfunktionen, die jeden Menschen einzigartig, sein Verhalten unikat und seinen Charakter komplex machen.

3- Bewusstsein und Unterbewusstsein

Sigmund Freud sagte ja treffend, dass der Mensch einem Eisberg gleicht, wobei nur ein kleinerer Teil über das Wasser ragt. Das ist das Bewusste. Der größte Teil, der unter dem Wasser ist, ist das Unbewusste, das, was wir nicht kontrollieren können.

Unser Bewusstsein ist analytisch, gebildet, rational und wenn wir es nutzen, grübeln oder überlegen wir, fragen, beraten und suchen selbst nach Rat, hören, sprechen usw. Hier wirkt die Umwelt auf uns und unser Leben, wir sind der Manipulation und Programmierung ausgesetzt.

Unser Unterbewusstsein ist primitiv (=einfach) und benimmt sich wie ein Kind. Es versteht keine Definitionen, Worte, Ratschläge. Es kennt nur Symbole, die das Werkzeug darstellen, mit denen eine Nachricht ins Unterbewusstsein übermittelt wird. Symbole sind wirksam, da sich die Sprache des Unterbewusstseins aus Bildern zusammensetzt.

Rituale, die mit versteckten Botschaften gespickt sind, wirken auf das Unterbewusstsein, vor allem, wenn sie mit Gefühlen verbunden sind. Alles, was in uns Emotionen ausgelöst hat oder auslöst, speichert das Gehirn besser ab und tut es nicht als "Spam" ab um es im hintersten Erinnerungs-Regal hinein zu stopfen.

Frühe Erfahrungen, nicht ausgelebte Emotionen, verbotene Bereiche unseres Lebens sind unserem Verstand nicht zugänglich und doch bestimmen sie größtenteils unsere Entscheidungen und unseren Alltag und wir merken nichts davon.

Pränatale Psychologie

Damit, dass wir, noch bevor wir das Licht der Welt erblicken, äußeren Einflüssen ausgesetzt sind, befasst sich die pränatale Psychologie. Das Baby im Mutterleib reagiert nicht nur auf akustische Signale, wenn sein Gehör ausgebildet ist (zum Beispiel einem Lied oder den Worten der Mutter oder des Vaters), sondern auch auf Empfindungen der Mutter. Auf Stress, Angst oder andere negative Empfindungen der Mutter reagiert auch das Baby negativ. Es fängt an, mit den Füßen zu strampeln oder kräuselt die Stirn. Je positivere Empfindungen die Mutter aber hat, desto positiver wirkt es auf das Baby. Umso mehr Endorphine der Mutterleib ausschüttet, desto sicherer und aufgehobener fühlt sich das Baby.

Babys, die schon im Mutterleib viel Positives wie Liebe und Zuwendung empfangen haben, passen sich nach der Geburt den neuen Umständen besser an.

Das Gehirn eines Fötus entwickelt sich mit rasender Geschwindigkeit. Es bildet jede Minute eine Viertel Million neuer Nervenzellen und über hundert Millionen neuer Verknüpfungen zwischen ihnen. Keiner kann da sagen, dass Babys als *tabula rasa, eine unbeschriebene Tafel,* geboren werden. Jeder kommt mit einem Grundgerüst der unfertigen Persönlichkeit auf die Welt und bildet diese aus, was anfangs meistens mit den Einflüssen der Familie und seiner näheren Umgebung zu tun hat.

Alle Erinnerungen und Sinneseindrücke werden in unserem Gehirn gespeichert, selbst wenn wir sie jetzt nicht alle abrufen können. Manche sind die Erinnerung an einen Geruch, den wir mit einer bestimmten Emotion verbinden, manche sind ein Gefühl, das uns erfreuen oder erschaudern lässt.

Wir legen sie ab und geben sie in unser mentales Lager und von Zeit zu Zeit huscht die eine oder andere an unseren Inneren Auge vorbei, ohne dass wir wissen, was sie ausgelöst hat. Vielleicht war es der Duft wie von Omas Apfelkuchen oder ein Geräusch, dass wir in unserer frühesten Kindheit oft gehört haben, ein Lied, eine Stimme, eine Szene, die uns wie ein Déjà-vu vorkommt.

Uns leiten auch Gedanken und Glaubenssätze aus der Vergangenheit, Bilder, die wir beim Lesen im Kopf gezaubert haben, Mamas Ermahnungen und Papas Erwartungen.

Die Nervenzellen im Gehirn, von denen es knapp 90 Milliarden gibt, verfügen (jede einzelne) über zehn tausend Synapsen, Verästlungen, die sie miteinander verbinden, und wenn wir uns, sagen wir mal, in einer gefährlichen Situation befinden, läuft unser "Gehirnprogramm" um uns zu sagen, was wir tun sollen. Das, was wir Instinkt nennen, ist eigentlich unser Unterbewusstsein, das für uns Entscheidungen bereitstellt. Manche halten wir für gut, manche für schlecht, nehmen sie an oder verwerfen sie.

Forscher haben bei einem Experiment herausgefunden, dass Entscheidungen unbewusst gefällt werden und dabei wir treffen mehrere hundert Entscheidungen am Tag. OK, manches ist nicht so schwierig zu entscheiden : ziehe ich den hellgrauen oder den dunkelgrauen Sakko an? Esse ich Müsli oder ein Sandwich zum Frühstück? (oder doch?)

Also, bei diesem Experiment wurden die Probanden an ein MRT (Magnetresonanztomograph) angeschlossen, der messen sollte, wo und wann das Gehirn anfängt, Entscheidungen zu treffen.

Hierbei zeigte sich, dass ganze sieben Sekunden, bevor die Probanden sich bewusst entschlossen, was sie tun würden und es dann taten, die Entscheidung im präfrontalen Kortex schon gefallen ist.

Dafür müssen wir nicht mal in einer gefährlichen Situation sein, sondern in einer ganz normalen Alltagsszene. Wir handeln aus dem Bauch heraus und glauben, es ist spontan.

Wie gesagt, das Unterbewusstsein können wir nicht kontrollieren, denn wir kennen uns da zu wenig aus, wissen nicht alles, was unser Verstand verborgen hält und wie wir dahin gelangen können, um es uns bewusst zu machen.

Und doch meinen Kinesiologen, dass es einen Test gibt, der uns zeigen kann, was die Seele, der Körper uns mitteilen will. Dieser Test nennt sich der Kinesiologische Fingertest und kann ganz einfach von jedem selbst durchgeführt werden.

Als Vorbereitung kann man sich Fragen von " Ist mein Name XY?" über " Machen mich Gurken krank?! bis hin zu Schicksalsfragen, die sich jetzt jeder selber ausdenken kann, auf kleine Zettel schreiben und falten.

Nun kann man einen Zettel ziehen, ihn aber nicht öffnen und auf die Frage schauen. Man soll mit den Daumen und den Zeigefinger einer Hand einen Fingerring bilden und mit dem Daumen und Zeigefinger der anderen Hand ein Kettenglied bilden.

Wenn man mit Kraft dieses Kettenglied auseinander ziehen möchte, spürt man Widerstand.

Jetzt kann man also fragen, ob die Aussage auf dem Zettel wahr oder falsch ist und versucht das Kettenglied auseinander zu ziehen. Kann man es auseinander ziehen, ist die Antwort nein, bleibt es ganz, ist die Antwort ja.

Zu diesem Zeitpunkt kann man dann auf den Zettel schauen und feststellen, was man sich bewusst über dieses Thema gedacht hat und was bei diesem Test heraus gekommen ist.

Auf diese Weise kann man sein Unterbewusstsein testen und mit dem Bewussten vergleichen.

4- Toxisches Verhalten

Manche Menschen sind toxisch, sie vergiften unsere Gedanken und unsere Gefühle. Sie legen es darauf an, provozieren Situationen, verursachen Streit um damit etwas ganz anderes zu verschleiern. Und wenn sie es schaffen, das man sich ganz klein und mies fühlt, haben sie ihre Mission erfüllt.

Eifersucht, Neid, Uneinsichtigkeit, Unbelehrbarkeit , Rücksichtslosigkeit und viele andere negative Eigenschaften stehen bei ihnen an erster Stelle.

1- Sie nehmen alles viel zu persönlich

Manche fühlen sich als das Zentrum der Welt. Sind sie in einer Gesellschaft, haben sie das Gefühl, dass jedes Wort in irgendeiner Weise an sie und gegen sie gerichtet ist, auch wenn es um Nichtigkeiten geht. Dabei ist das, was die Menschen sagen viel öfter mit ihnen selbst verbunden als mit jemandem anderen.

Menschen handeln in Übereinstimmung mit ihren eigenen Filtern und Erfahrungen, aus der eigenen Perspektive. Sie legen ihre Sichtweise der Dinge dar und verstehen es als Frontalangriff auf die eigene Person. Meistens passiert das Menschen, die wenig Selbstbewusstsein haben, sich unsicher fühlen oder/ oder etwas verbergen. Sie machen sich zu viel Gedanken über jedes ausgesprochene Wort, denn sie glauben, dass man ihren kleinen Geheimnissen auf der Spur ist.

2- Sie sind immer das Opfer

In Zusammenhang mit dem oben genannten toxischen Verhalten ist auch dieses - manche fühlen sich immer als Opfer. Ständiges Beschweren und Gejammer macht die Situation noch schlimmer. Je öfter man sich einredet, dass man schon wieder drauf gezahlt hat, veräppelt und ausgenutzt wurde, desto mehr brennt sich das in unser Gehirn ein und wir zeigen mit unserer Körpersprache genau das - wir sind kein Gewinner im Leben, wir sind ein Opfer. Wir schrien sozusagen der Welt zu: "Los, hau du auch noch mal zu!" Und dann, wenn wir im Übertragenen Sinne wieder eins auf die Nase kriegen, sagen wir " Ich wusste, dass das passiert!"

Manchmal ist diese Opferrolle nur gespielt um etwas anderes zu überspielen und dem anderen ein schlechtes Gewissen zu machen. Auf jeden Fall wird man von toxischen Menschen manipuliert, ohne dass man es gleich merkt.

3- Obsessive Negativität

Manche Menschen sind so negativ geworden, dass sie da sehr schwer herauskommen. Sie haben, so scheint es, nur negative Dinge erlebt oder es *hätte dazu kommen können*. Dass es nicht dazu kam, sehen sie nicht, das wäre etwas Positives, und sie sehen die positive Seite des Lebens nicht. Sie sind vom Unglück und von Negativität geblendet wie das sprichwörtliche Reh vom Scheinwerferlicht in der Nacht - hilflos und nicht imstande, sich vom Fleck weg zu bewegen. Das ganze Universum hat sich gegen sie gewendet, nicht nur in einem Moment sondern ihr ganzes Leben lang. Sehr schwer ist es, aus dieser Situation heraus zu kommen, aber es geht, Babyschritt für Babyschritt. Gibt es etwas, was man positiv sieht, was einen auf andere, wenigstens halbwegs positive Gedanken bringt? Dem sollte man sich mehr widmen. Und auch ab und zu sagen, dass etwas wirklich gut und schön ist. Diese Worte hat das Gehirn ja total vergessen, deshalb sollte man sie öfter wiederholen.

4- Fehlende Selbstkontrolle

Wer seine Gefühle nicht kontrollieren kann, wirkt toxisch auf seine Umwelt und alle Personen, die einen umgeben. Es gibt Wut- oder Tränenexplosionen, es wird geschrien und geweint, getobt oder geschluchzt - und das bei der kleinsten Kleinigkeit. Eigentlich ging es um etwas ganz anderes, aber der toxische Mensch explodiert, weil er glaubt, es gehe um ihn. Wem das selbst auch passiert, sollte auch Hilfe suchen, denn der Auslöser ist tief im Unterbewussten versteckt.

-

-

-

-

-

-

-

-

5- Fehlende Empathie/ Gefühlslosigkeit

Wir sehen es jeden Tag in den sozialen Medien, sind Zeugen, wie gefühllos Menschen sind - vor allem die Anonymität, hinter der sie sich verstecken, trägt dazu bei, dass sie sich frei fühlen, anderen Menschen Leid in Form von Worten zuzufügen, ein verbales Messer in den Rücken stechen.

Aber auch im Alltag und nicht anonym passiert es dass man die volle Ladung Negativität abbekommt. Toxische Menschen provozieren gerne Streit, tun einem weh ohne deshalb Schuldgefühle zu haben, lügen und manipulieren, wenn es der Erreichung ihrer eigenen Ziele dient.

6- Ständige Bestätigung gesucht

Es kann ziemlich anstrengend sein, mit Menschen zusammen zu leben und zu arbeiten oder die Freizeit zu verbringen, die ununterbrochen auf der Suche nach Bestätigung sind. Sie schlagen einen Nagel in die Wand um ein Bild aufzuhängen und wollen gelobt werden. Sie posten auf Facebook täglich 10 neue Fotos von sich, ihrer Wohnung, ihres Mittagessens und der Kinder, denn sie wollen es bestätigt bekommen, dass sie die schönsten, die besten und die geschicktesten Individuen sind. Fehlendes Selbstbewusstsein und Selbstvertrauen muss man aufbauen, an sich selbst und seine Fähigkeiten glauben. Das haben sie nicht geschafft und suchen Bestätigung von außen.

Jeder braucht mal eine Bestätigung, die im zu verstehen gibt, dass er etwas Gutes gemacht, geschaffen hat. Komplimente verschönern den Moment und die Stimmung. Ein ständiges "Fishing for compliments" zeigt eher die Unsicherheit in die eigene Person.

Diese toxischen Verhaltensmuster werden in der Psychologie den selbstverliebten Soziopathen zugeschrieben. Sie verzerren die reale Situation und stellen sie und ihr Gegenüber in ein anderes Licht, um zu manipulieren, erniedrigen und zu verletzen. Das Zusammenleben mit einer solchen Person ist sehr schwierig, denn man merkt nicht von Anfang an, was da eigentlich abläuft. Wenn man drauf kommt, ist das eigene Selbstbewusstsein schon ziemlich in Mitleidenschaft gezogen, so dass viele professionelle Hilfe in Anspruch nehmen um sich von einem Soziopathen überhaupt trennen zu können und um das eigene Selbstbild, das zerstört wurde, wieder herzustellen.

5- Unterbewusstseins- Tuning für mehr Erfolg

Wenn wir nicht lernen, unser Unterbewusstsein zu beeinflussen, wird sich in unserem leben nichts ändern, egal wie motiviert wir sind, Änderungen herbei zu führen.

Da gibt es dann die ratlosen, die sagen: " Ich bemühe mich, ich tue und kämpfe, aber nichts gelingt mir!"

Damit Veränderungen auch klappen, ist das halbherzig daher gesagte " Jetzt will ich aber endlich erfolgreich werden" nicht genug.

Wenn ich nicht genau weiß, beziehungsweise wenn ich es meinem Unterbewusstsein nicht sage, wie ich erfolgreicher werden und mehr Geld verdienen will, kann es mir auch keine Hilfe sein.

Das ist so eine Sache mit dem Unterbewusstsein, das muss man tatsächlich mit der Nase darauf stoßen, um es zu motivieren, eine Lösung oder einen Weg findet, um dahin zu kommen, wo man hin will.

Um wieder auf unseren Bahnhof aus der Geschichte vorhin zurück zu kommen - wenn ich nicht weiß, wohin ich möchte, nutzt mir die Hilfe der nettesten Schalterbeamtin nichts, wenn ich mein Ziel nicht benennen kann. Ich will nicht *irgendwo* hin, wo der Zug stehen bleibt, ich will zu meinem bestimmten Ziel. Bevor ich also zum Bahnhof gehe, sollte ich mittels Ausschlussverfahren herausfinden, wohin die

Reise gehen soll.

Ich kann mir zuerst einmal überlegen, in welcher Branche ich gerne arbeiten würde- etwas, das meinen Qualifikationen entspricht oder aber etwas komplett anderes. Dann geht es darum, die Sache einzugrenzen.

Nehmen wir das Marketing und nehmen wir an, im Marketing kann man viel Geld verdienen.

Aber auch das ist zu lasch formuliert, denn es gibt ja verschiedene Arten des Marketing, von klassisch über Digital Marketing, Guerilla Marketing, Geo Marketing, Telefonmarketing und und und.

Was liegt mir da am besten? Habe ich entsprechende Kenntnisse und in welchem Bereich? Wenn nein, wie kann ich mir das Wissen aneignen? Will ich selbständig werden oder lieber angestellt sein?

Beantwortet man die konkreten Fragen, ergibt sich ein klares Bild von dem Job, den man machen möchte. Jetzt hat man eine exakte Formulierung gefunden, die man auch aussprechen kann : "Ich will mich mit einer Digital Marketing- Firma erfolgreich selbständig machen und damit viel Geld verdienen!"

Wenn ich also diesen Punkt erreicht habe, dass ich weiß, was ich will, sind mir der nächsten Schritte schon vorgegeben. Ich muss mich informieren, wie ich eine Firma gründe, wie ich Unterstützung bekommen, was alles dafür notwendig ist usw.

Ich lege dann all meine Energie und Motivation in die Erreichung meines Ziels... und scheitere am Ende trotzdem. Was ist jetzt schief gelaufen?

Wenn wir wissen, dass wir nur zirka 10% von allem, was wir tun, bewusst tun und die restlichen 90 % von unserem Unterbewusstsein gesteuert werden, besteht wohl eine Diskrepanz zwischen dem, was ich mir (bewusst) wünsche und dem, was ich mir (unterbewusst) zutraue.

Ich denke, ich kann das schaffen, aber tief im Innersten bin ich noch immer der kleine Junge, dem man gesagt hat, dass er ein Angsthase ist und sich nicht traut, irgendwas zu tun und er es deshalb nie zu etwas bringen wird.

Zwar sagte Buddha" Wir sind, was wir denken" doch das Unterbewusste hat er nicht erwähnt. Wir *denken,* dass wir erfolgreich werden können, aber das Unterbewusstsein hat gerade eine Straßensperre auf unserer Erfolgsautobahn errichtet.

Die Glaubenssätze, die uns von Kindesbeinen begleiten, die eh nur so daher gesagt waren, um uns "anzuspornen", brechen uns jetzt im übertragenen Sinne das Genick und lassen uns wieder an den weinenden kleinen Timo denken, der wir mal waren.

Wir haben uns mit vier nicht getraut, auf den hohen Baum zu klettern und schon hieß es " Angsthase, Pfeffernase!" "Traust dich nicht! Ätschi-bätsch"

Wer hätte gedacht, dass das so viele Jahrzehnte in unserem Unterbewusstsein überlebt und uns im gegebenen Augenblick den entscheidenden Schritt *nicht* tun lässt.

Weg mit den Negativitäten - eine kleine Übung

An einem ruhigen und angenehmen Plätzchen können wir uns nieder setzen und die Augen schließen. Wir atmen durch die Nase ein und aus und konzentrieren uns auf das Atmen. Entspannen wir uns und lassen wir zu, dass sich vor unserem inneren Auge ein Film abspult und Bilder erscheinen. Es sind bestimmt nicht alle positiv. Für diese Bilder denken wir uns einen Korb neben unserem Sitzplatz und schmeißen ein Bild nach dem anderen hinein, wenn wir es als negativ empfinden . So machen wir ein wenig Platz in unserem Speicher und trennen uns vom Negativen. Wir können diesen fiktiven Papierkorb am Ende ausleeren.

Sollten die Bilder wieder mal bei einer Entspannungsübung vor unserem geistigen Auge aufblitzen, können wir sie getrost in ein Feuer werfen, welches wir uns statt des Korbes denken. So werden sie immer bleicher und durchsichtiger, bis sie ganz verschwinden.

Man muss hierbei beachten, dass es sich alles einfach und lustig anhört, aber trotzdem Arbeit dahinter steckt. Wenn ich auf mein Unterbewusstsein einwirken möchte, brauche ich mentale Stärke und Zeit, denn keine Veränderung wird über Nacht passieren. Also sollte man wirklich einen sehr ruhigen Moment auswählen und sich auf die Sache richtig konzentrieren. Und nichts klappt hundert prozentig beim ersten Mal, nur nicht aufgeben!

Wenn wir Gewohnheiten ändern wollen, brauchen wir auch Geduld. So wie wir kein Sixpack von 3 Situps bekommen können, so können wir auch unseren Denkmuskel, unser Gehirn, nicht an einem Tag reprogrammieren und am nächsten ist alles wie gewünscht. Das Gehirn braucht zwischen vier und sechs Wochen, bis es sich an die veränderten Denkmuster gewöhnt, dann jedoch funktioniert die gewünschte Änderung automatisch. Wir müssen also alles automatisieren, um neue Verknüpfungen zwischen den Nervenzellen schaffen.

6- Die vier Temperamente

Vieles, das wir erreichen oder nicht erreichen hängt von unserem Temperament ab.

Unter der Bezeichnung Temperament versteht man eine charakteristische, typische Art emotionaler Reaktion einer Person. Wie schnell, wie intensiv und auf welche Art jemand reagiert, hängt von seinem Temperament, ab.

Hippokrates stellte diese Theorie über die Aufteilung des Temperaments auf vier Typen auf: Melancholiker, Choleriker, Sanguiniker und Phlegmatiker.

Der Melancholiker

Der Melancholiker hat zum Beispiel seltene aber sehr intensive Gefühlsausbrüche die länger andauern. Er tendiert zu negativen Emotionen, verspürt oft Traurigkeit und Sorgen.

Eigenschaften, die dem Melancholiker zugeschrieben werden:

- tiefgründig
- analytisch
- ernst
- entschlossen
- kreativ
- philosophisch
- schätzt die Schönheit

- idealistisch
- aufopfernd

- *Der Sanguiniker*

Der Sanguiniker ist eher jemand, der schnelle, kurze emotionale Reaktionen zeigt und obwohl er oft seine Launen ändert, ist er eher ein optimistischer und positiver Typus.

Eigenschaften, die dem Sanguiniker zugeschrieben werden:

- emotional
- naiv
- humorvoll
- neugierig
- begeisterungsfähig
- ein guter Schauspieler
- offen
- ewiges Kind
- guter Zuhörer
- lebt im Jetzt

- *Der Choleriker*

Der Choleriker lässt seine Emotionen schnell erkennen, ist impulsiv, jähzornig und kontrolliert seine Affekte nur sehr schwer.

Eigenschaften, die dem Choleriker zugeschrieben werden:

- der geborene Leader
- unternehmungslustig
- braucht Veränderungen
- hat den Drang, alles zu verbessern
- starker Wille
- lässt sich nicht entmutigen
- unabhängig und sich selbst genug
- kann alles

Der Phlegmatiker

Der Phlegmatiker reagiert selten, kann seine Gefühle kaum ausdrücken, ist ruhig, gelassen und reagiert träge in seinem emotionalen Erleben.

Eigenschaften, die dem Phlegmatiker zugeschrieben werden:

- zurückhaltend
- entspannt und lässig
- ruhig bis kaltblütig
- geduldig und still
- versteckt seine Emotionen
- im Einklang mit seinem Leben
- ausgeglichen

Dies ist eine Aufteilung auf die vier Grundtypen, wobei es am häufigsten Variationen zum Thema gibt und sich die vier Temperament- Typen mischen.

Meist wird behauptet, dass das Temperament eine angeborene und persistente (dauerhafte) Charakteristik ist.

Unterschiede im menschlichen Temperament werden damit erklärt, dass das Nervensystem bei jedem anders organisiert und auf verschiedene Weisen aufgebaut ist. Es gibt jedoch auch andere, die nicht der Meinung sind, dass das Temperament eine unveränderbare

Instanz ist. Das sind diejenigen, die die Meinung vertreten, dass man durch lernen und Training sogar die Funktion der autonomen biologischen Funktionen im Körper beeinflussen kann.

7- Der Charakter

Der Ausdruck Charakter wird im Rahmen vieler Persönlichkeitstheorien als Basis für die Erklärung des individuellen Verhaltens jedes Einzelnen gebraucht.

Man versteht unter dieser Bezeichnung die Verbindung verschiedener Eigenschaften einer Person, die dann ihr Gesamtbild darstellt.

So weit, so gut.

Das, wobei die Meinungen auseinander gehen, ist, welche Eigenschaften als Charaktereigenschaften angesehen werden.
Der Charakter wird der kompletten Persönlichkeit gleichgestellt, kann aber auch die Gesamtheit vorwiegend sozialer Aspekte in der Persönlichkeitsstruktur darstellen. Auf der anderen Seite versteht man darunter auch die Bereitschaft eines jeden, sich gemäß der moralischen Normen zu verhalten.

Er hat einen guten Charakter - er ist ein moralischer Menschen
Er hat einen schlechten Charakter - er ist ein unmoralischer Mensch

Positive Charaktereigenschaften

Positive Charaktereigenschaften, die Menschen besitzen, sind formbare Eigenschaften und moralische Prinzipien. Aufgeteilt werden sie in:

Allgemeine Charaktereigenschaften

Entschlossenheit, Gewissenhaftigkeit, Mut

- Charaktereigenschaften, die vor allem in der Interaktion mit anderen Menschen gezeigt werden

  Menschlichkeit, Selbstlosigkeit, Toleranz

- Charaktereigenschaften, die wir uns selbst zuschreiben:

  Bescheidenheit, Voraussicht, Selbstkritik.

-

Der österreichisch- amerikanische Psychoanalytiker Wilhelm Reich versteht unter Charakter auch *erlerntes* Verhalten gegenüber der inneren und äußeren Welt, die typische Weise, auf die eine Person die Umwelt und die innere Realität wahrnimmt, auf sie reagiert, mit den alltäglichen Problemen klarkommt usw.

8- Genetik

Was bestimmt unsere Persönlichkeit mehr? Die Genetik oder die äußeren Umstände? Erbt man seine Talente von Mutter und Vater oder eignet man sich Eigenschaften im Lauf e des Lebens selbst an? Sind psychische Störungen und Erkrankungen erblich bedingt?

Solche und tausende ähnlicher Fragen beschäftigen uns, wenn es um Erziehung und Formung unserer Persönlichkeit geht. Menschen sind unvollendete Wesen und ständig im Wandel, und haben sich schon immer gefragt, ob sie zur Gänze durch die Genetik bestimmt werden oder die Umwelt in einem größeren Maße darauf Einfluss hat.

Mit der Erforschung einiger Faktoren wie Familie, Rasse und Geschlecht und mit Informationen über die Funktionsweise unseres Gehirns sowie Werten, die unsere Entwicklung beeinflussen, haben wir eine Basis, uns selbst und die Unterschiede zu anderen zu verstehen. Zieht man Pädagogik und Psychologie hinzu, kann man den grundlegenden Unterschied zwischen Genetik, Umwelt und Erziehung sowie deren Wert in der Definition eines jeden Einzelnen erkennen.

Die Unterschiede im Verhalten kann man sowohl der Genetik als auch äußeren Einflüssen zuschreiben. Aber in welchem Maß?

Genetik und Erfolg

Die Genetik, früher auch unter dem nicht mehr verwendeten Namen Vererbungslehre bekannt, befasst sich und untersucht Eigenschaften und Merkmale, die wir von unseren Eltern erben. In der DNA ist Aussehen, Augen- und Haarfarbe, Größe, Körperbau, Charaktereigenschaften und vieles mehr gespeichert. Genau so aber sind auch Krankheiten darin gespeichert, die auf einen Gendefekt zurückzuführen sind. Hierzu gehört zum Beispiel das Down-Syndrom.

Wenn man sich zum Beispiel fragt, welche Eigenschaften einen am schnellsten zu einer führenden Position bringen könnten, sollte man sich den Stammbaum anschauen und seine Vorfahren genauer unter die Lupe nehmen.

Die Charaktereigenschaften, die für kognitive Fähigkeiten zuständig sind, finde man in den Spuren der Familie, die von Generation zu Generation weiter gegeben werden, aber auch mal eine überspringen können, haben Wissenschaftler festgestellt.

Alle bisherigen Studien haben sich bisher darauf gestützt, dass für Motivation und beruflichen Erfolg Eltern, Kindergarten, Schule und jede andere Bildungsinstitution verantwortlich ist. Nun, aufgrund weiterer Forschungsarbeit, kommen sie zu dem Schluss, dass die Genetik doch knapp 70% "schuld" daran ist und die restlichen 30% stammen vom Einfluss der Umwelt, die einen umgibt, der Schule usw.

Die genetischen Verschiedenheiten machen bei den Menschen etwa die Hälfte der Unterschiede der Charakterzüge aus, die für die Motivation und den Wunsch nach Bildung und beruflichem Fortschritt verantwortlich sind. Die andere Hälfte ist der Umwelt untergeordnet, der diejenigen ausgesetzt sind, die z.B. fernab von zu Hause oder abseits des Bildungssystems sind, diejenigen, die niemand anspornt und die selbständig beschließen, etwas zu lernen oder aber auch nicht zu lernen.

Wichtige pädagogische Maßnahmen, die den Charakter betreffen, sind angelehnt an Ethik, den Wunsch, etwas zu lernen, konkrete Selbsteinschätzung der eigenen Fähigkeiten usw. Sie sind ausgerichtet auf die fünf großen Persönlichkeitseigenschaften, die zukünftige Erfolge garantieren:

Offenheit, Pflichtbewusstsein, Extrovertiertheit, Bequemlichkeit und Neurotizismus (=schüchtern, gehemmt, labil).

Am Wert jeder dieser Eigenschaft ist es möglich, den Bildungserfolg vorherzusagen.

Bei diesen Eigenschaften spielen die Werte für Offenheit und Pflichtbewusstsein die größte Rolle, etwa 48- 57 %. Intellektuelle Neugier und das Verständnis für sich selbst sind an Offenheit gebunden; Hartnäckigkeit und Arbeitsethik fallen unter Pflichtbewusstsein/ Gewissenhaftigkeit und sind somit nicht so sehr an zukünftige große Erfolge gebunden. Somit beeinflussen die Gene akademische Erfolge durch Aspekte der Persönlichkeit, die relevant für das Lernen sind womit der Mythos, dass elterlichen Ermahnungen zum Erfolg führen, ("Jetzt lernst du das, sonst wird nie was aus dir!") zerschlagen ist.

Genetik und soziale Kontakte

Ist man nicht unbedingt der geselligste Typ und es mit den sozialen Kontakten partout nicht klappt, könnte die Genetik schuld sein. Das Gen Oxytocin wurde vor einigen Jahren etwas genauer unter die Lupe genommen und erlebte einen regelrechten Boom. Jeder wollte es mal "testen".

Forscher kamen zu dem Ergebnis, dass es Geselligkeit und Empathie verstärken kann, so dass man Freude an geselligen Zusammentreffen verspürte, das Befinden anderer einfacher ablesen konnte und mehr mit den Menschen litt, die in schwierigen Situationen waren, also Mitgefühl entwickelte.

Als Nasenspray benutzt, brachte es Männer dazu, anderen attraktiven Frauen nicht lechzend hinterher zu schauen sondern dabei positiv an die eigene Freundin/ Frau zu denken.

Wer einen Mangel des Hormons Oxytocin hat, ist vielen sozialen Kontakten eher abgeneigt. Dieser Mangel wird durch Methylierung (Abbau des Oxytocinlevels) die durch Stress, schlechte Ernährung usw. entstehen kann, begünstigt.

Aber auch wenn man nicht ständig in Gesellschaft sein will und muss sondern seine Zeit auch "nur" in Gesellschaft mit sich selbst verbringen möchte, ist das kein Alarmsignal.
Allein sein ist etwas vollkommen anderes als einsam sein. Man hat die Möglichkeit, seine Gedanken zu ordnen, zu reflektieren, mental zu

verdauen was man gesehen, gehört, erlebt und gefühlt hat. Man hat Zeit, auch Selbstkritisch zu sein, seine Persönlichkeit weiter zu entwickeln.

9- Persönlichkeitsentwicklung

Die Persönlichkeit ist die Gesamtheit psychischer Eigenschaften und Mechanismen eines jeden Einzelnen, die ihn und seine physische und soziale Umwelt beeinflussen.

Unter *psychischen Eigenschaften* versteht man hier zum Beispiel, jemanden als eine schüchterne Person zu beschreiben, eine Eigenschaft zu nennen, mit der er sich von anderen unterscheidet, die offener und freier sind.

Mechanismen sind auch Persönlichkeitsmerkmale, beziehen sich aber eher auf Prozesse, die innerlich stattfinden.

Jetzt ist es aber interessant, dass sich das Wort Persönlichkeit vom lateinischen Wort *persona* ableitet, das eigentlich die Bezeichnung für eine Maske des Theaters in der Antike war. Und mit der Maske verstecken wir ja unser wahres Ich und zeigen den Menschen ein anderes Gesicht von uns. Eins, das wir uns selbst ausgewählt haben - so möchten wir gerne wahrgenommen werden.

Dieser Prozess der Persönlichkeitsbildung ist nicht, wie man noch vor einigen Jahren annahm, irgendwann abgeschlossen. Die Generation unserer Großmütter meinte immer, mit dreißig Jahren ist man endlich eine geformte Persönlichkeit, gescheit und erwachsen, ausgebildet und hat sein höchstes und endgültiges Limit erreicht und so bleibt man bis zum Ende seiner Tage.

Man hat nichts Neues mehr zum Lernen, weiß alles, was man wissen wollte und verliert seine Neugier wegen den Anforderungen des Lebens wie Job, Familie, Leben und Überleben im Alltagstrott.

Heute wird man täglich mit Neuigkeiten überschüttet und wer sich nur einen Funken Neugier bewahrt hat, kann seinen Geist damit füttern damit er nicht einrostet.

Die Studien dazu wurden ja meistens an der jüngeren Generation durchgeführt. Heute macht man auch welche mit der Generation 50+ und sieht, dass auch sie sich verändern will und kann. Lebenserfahrung gepaart mit der eben erwähnten Neugier und einer offene Art können bei jedem Veränderungen bewirken, zum Besseren oder auch zu Schlechterem.

Was konkret ist überhaupt Persönlichkeitsentwicklung?

Wie erwähnt, kommt man schon als Baby mit einem genetischen Grundgerüst seiner Persönlichkeit auf die Welt, man hat auch schon im Mutterleib einiges "erlebt" - Ruhe und Geborgenheit oder Unruhe, Nervosität usw.

Das Neugeborene ist hilflos, abhängig von seiner Umwelt, lernt aber mit jedem neuem Tag etwas Neues dazu, wächst, wird stärker, selbständiger.

Das Kleinkind übernimmt Verhaltensmuster von seinen Eltern oder anderen nahen Personen, eignet sich verschiedene Fähigkeiten an, entwickelt diese und durch den Einfluss, den es von außen im Kindesalter und als Jugendlicher, als Adoleszent bekommt, sucht sich der Mensch aus, was ihm als Person zusagt, seinem Charakter entspricht.

Man hat schon eine Art entwickelt, mit Schwierigkeiten und Problemen im Alltag umzugehen, hat einen Weg ausgesucht, den man gehen möchte, hat Ziele definiert oder auch nicht und lässt sich treiben.

Man passt sich den Gegebenheiten an, trifft Entscheidungen, allein oder aus Gruppenzwang. Man baut sein Selbstbewusstsein auf und löst sich wieder von den früheren Mustern um einen neuen Weg auszuprobieren.

Das sind alles nur Übergangsphasen, den die Persönlichkeit verändert sich stetig und wie wir gesehen haben, hört das auch im Alter nicht auf.

10- Psychosomatik

"Willst du den Körper heilen, musst du zuerst die Seele heilen" sagte schon Platon vor 2500 Jahren.

Da sich äußerlich zeigt, was sich im Inneren abspielt, kann man am Körper ablesen, sehen, ob wir in Harmonie mit unserem Innersten sind oder nicht. Symptome verschiedener Krankheiten machen uns darauf aufmerksam, dass nicht alles im Lot ist zwischen der Seele und dem Körper, dem Psychischen und dem Physischen.

Wenn unsere mentale Barriere nachgibt, erkrankt der Körper.

Psychosomatik ist die Disziplin, die sich mit dem Einfluss von Stress auf den Körper befasst. Obwohl schon in der Antike das Zusammenspiel der Seele (Psyche) und des Körpers verstanden wurde, gibt es diese Disziplin erst seit den zwanziger Jahren des letzten Jahrhunderts.

Wird man ständig gefordert und angetrieben, sei es von der Umwelt- Familie, Kinder, Job oder auch von sich selbst, sucht die Psyche ein Ventil, um Druck abzulassen. Wenn man sagt, dass einem eine Situation oder ein Zustand auf den Magen schlägt, ist das nicht nur so daher gesagt. Aus dauerhaftem Magendrücken wird ein Magengeschwür. Manche reagieren auf Stress mit unerklärbarem inneren Fieber, das mit keinem Fieberthermometer zu messen ist, andere bekommen Migräne usw.

Dieses Schema entwickelt sich schon sehr früh im Leben. Hat man nicht gelernt, Dinge auszusprechen und anzusprechen sondern frisst sie in sich hinein, muss es irgendwo explodieren.

Man unterscheidet hierbei zwei Arten der Beeinträchtigung:

- Psychosomatische *Störungen* sind durch Stress ausgelöste Funktionsstörungen, die keine bleibenden Schäden an den Organen und am Organismus insgesamt hinterlassen.

- Psychosomatische *Erkrankungen* sind solche, die bleibende Schäden der Organe und Körperfunktionen auslösen.

Beide Arten können verschiedene Organe und Systeme befallen. Neben Stress können verschiedenste Umwelteinflüsse und genetische Faktoren eine Rolle bei der Entstehung dieser Störungen und Erkrankungen spielen.

Nach der Amerikanischen Psychiatrischen Gesellschaft werden diese aufgeteilt wie folgt:

1- Haut:

Akne, Neurodermitis, Angioneurotisches Ödem (Schwellungen der Lider, Lippen, Zunge...)

2- Störungen und Erkrankungen des Verdauungstraktes:

Magenkrämpfe, Magengeschwüre, Morbus Crohn, Verstopfung, ...

3- Atemwegserkrankungen:

Asthma Bronchiale, Tuberkulose

4- Herzerkrankungen:

Angina pectoris, Herzinfarkt, hoher Blutdruck, Herzrhythmusstörungen

5- Drüsenerkrankungen:

Diabetes, Unterzuckerung, Schilddrüsenerkrankungen

6- Rheumatische Erkrankungen:

rheumatische Gelenkentzündungen, chronische Rückenschmerzen

7- Gynekologische Erkrankungen:

starke Menstruationsbeschwerden, Fehlgeburten

8- Weitere:

Allergische Reaktionen, Migräne, Tumoren, chronischer Juckreiz, Fettleibigkeit, Magersucht

Ein konstanter psychischer Druck und Stress führen zu verschiedensten Krankheiten, auch Autoimmunerkrankungen. Mit psychischer Überlastung ist nicht zu spaßen und man sollte seinen Arzt konsultieren, *bevor* es zum Beispiel zum Burnout kommt.

In der Fachliteratur wird oft erwähnt, dass der Vorläufer psychosomatischer Störungen und Erkrankungen somatisierte Beklommenheit ist (= psychische Disharmonie zeigt sich in körperlicher Dysfunktion) wobei das erst pathologisch, also zur Krankheit wird, wenn es zum normalen Zustand wird und man immer und immer wieder die gleichen körperlichen Beschwerden hat, wenn der psychische Druck zu groß ist und man ihn auf eine andere Art, zum Beispiel motorisch, verbal oder durch sein soziales Verhalten, nicht abbauen kann.

Negative Erfahrungen, die kurze Zeit andauern, führen nicht zu psychosomatischen Störungen, nur langanhaltende und ungesunde emotionale Reaktionen bedrücken die Psyche und den Körper und machen ihn anfällig für solche Erkrankungen und Störungen.

Es gibt sogar die These, dass alle Erkrankungen psychosomatisch sind und wenn wir uns den Einfluss des großen, uns unergründlichen Unter-bewusstseins vor Augen führen und die Tatsache, dass unsere Psyche, die Seele, nur ein Organ ist, dann wäre diese These ziemlich wahrscheinlich.

Langjährige Forschung resultierte in dem Ergebnis, dass psychosomatische Faktoren einige Störungen und Erkrankungen begünstigen:

- Zwölffingerdarm- und Magengeschwür: Ängstlichkeit und der Drang, mit jedem gut Freund sein zu wollen.

- Asthma und chronische Bronchitis: Dickköpfigkeit und Beharrlichkeit - ein Mensch, der sich gegen etwas wehrt, hält die Luft länger an bevor er ausatmet. Wird der Druck größer, wird auch die Luft immer länger unbewusst angehalten und das wiederum ist der Auslöser für Krankheiten der Atemwege.

- Erkrankungen der Schilddrüse sind bedingt durch zu viel Eifer - man will alles schaffen, was einem aufgetragen wird und was man sich selbst aufträgt, doch das ist in den seltensten Fällen zur allgemeinen und zur eigenen Zufriedenheit möglich und so erhöht sich der psychische Druck von Tag zu Tag, da wir den Aufgaben immer mehr "hinterher hinken" und das, was wir uns vorgenommen haben, nicht schaffen.

Welche Organe erkranken oder welche Funktion gestört wird kommt nicht von ungefähr. Das ist entweder

- genetisch oder

- phänotypisch bedingt.

Genetisch könnte man sagen, bedeutet, man hat so seinen schwachen Punkt und phänotypisch bedeutet eben dem Erscheinungsbild entsprechend.

Leider warten die meisten betroffenen zu lange, bevor sie sich helfen lassen. Es stimmt aber auch, dass die Symptome, die man anfangs hat, für den Arzt nicht sichtbar sind. So vergehen meistens einige Jahre, bis es tatsächlich pathologisch wird und dann dauert die Diagnose und die Heilung länger.

Die Menschen, die sich Zeit für sich nehmen, die auf die Signale des Körpers hören, die Ventile öffnen, damit aufgestaute Emotionen leichter hinaus können, geben psychosomatischen Störungen oder Erkrankungen erst gar nicht die Möglichkeit, sich zu entwickeln.

11- Freud und die Psychoanalyse

Den größten Durchbruch in der Erklärung des Unterbewusstseins schaffte Sigmund Freud, der "Vater der Psychoanalyse".

Die Psychoanalyse ist die Theorie über das menschliche Erleben und Verhalten beziehungsweise die Persönlichkeitstheorie, die auf dem Konzept der unterbewussten mentalen Prozesse basiert und die auf Prävention und Heilung mentaler Störungen ausgerichtet ist. Gleichzeitig ist auch die Psychotherapie eine Heilungsmethode und eine Methode zur Erforschung der mentalen Prozesse.

Hysterie war zu Freuds Zeit eine moderne Krankheit und ein berühmter Pariser Psychiater, bei dem Freud während seines Studiums ein Semester verbrachte, nutzte zur Heilung Hypnose und auch Freud tat es ihm nach. Wütende und tobende Frauen wurden damals mit Hypnose behandelt.

Als er dann seine eigene Praxis in Wien als Neurologe hatte, kombinierte er er bei der Behandlung funktioneller psychischer Störungen Suggestion und Hypnose. In weiterer Folge verzichtete er dann ganz auf die Hypnose und konzentrierte sich auf Traumdeutung und freie Assoziation und entwickelte somit die psychoanalytische Methode, die er als Tiefenpsychologie, eine allumfassende Persönlichkeitstheorie, ansah.

Im Laufe der Jahre hat Freud seine Theorie verändert und ausgebaut . Im Mittelpunkt stehen der Begriff Libido und deren Entwicklungsphasen, sowie das dynamische Schema der psychischen Struktur und deren Ebenen -

das Unbewusste, das Unterbewusste und das Bewusste also

das Es, das Ich und das Über- Ich

Sie stellen die drei Aspekte der menschlichen Persönlichkeit dar.

Zur damaligen Zeit, um 1900, war die Arbeit der Psychologen meist damit verbunden, das Bewusstsein zu erforschen. Die Grundtendenz war es, zu ergründen, aus welchen einfachen bewussten Elementen sich die subjektiven Empfindungen zusammen setzen. Freud gab sich damit nicht zufrieden und kritisierte seine Kollegen, da er die Wichtigkeit des Bewussten bestritt und den unbewussten Teil der Persönlichkeit hervorhob. So kam es zu dem Vergleich mit dem Eisberg. Das Seelenleben gleicht einem Eisberg, der im Meer schwimmt. Ein kleiner Teil ragt über der Oberfläche (das Bewusste), die große Masse (das Unbewusste) ist unter dem Wasser.

Auch bei den psychischen Prozessen ist nur ein kleiner Teil bewusst, der größere gehört zum Unterbewussten. Und genau dieser versteckte Teil leitet unser Verhalten - verdrängte Wünsche, Ideen, Beweggründe, Vorstellungen...

Das ES

Das ES ist die einzige Komponente der Persönlichkeit, die schon ab der Geburt vorhanden ist. Dieser Persönlichkeitsaspekt ist frei jeder Logik, vollkommen unbewusst und umfasst das instinktive, das primitive (im Sinne von einfach) Verhalten wozu zirka 66 % der mentalen Prozesse, des Verhaltens und des Geisteszustandes gehören

Das ES ist die Quelle der instinktiven Impulse wie Sex, Aggressionen sowie der grundsätzlichen primitiven Triebe und Bedürfnisse, die schon bei der Geburt mit dem menschlichen Wesen verwoben sind (Hunger, Durst,...)

Das Es ist vollkommen irrational und funktioniert in Übereinstimmung mit dem Prinzip der Lustbefriedigung, wann immer es die Umstände zulassen.

Werden die Bedürfnisse und Triebe nicht sofort befriedigt, folgt ein Zustand der psychischen Unruhe oder Angespanntheit.

Dieser Teil der Persönlichkeit schert sich nicht um Grenzen, moralische Normen, Vorschriften - das einzige Ziel ist die Befriedigung der Triebe und Bedürfnisse.

Bei Erwachsenen wirkt das ES unbewusst und stellt gleichzeitig eine Energiequelle für das bewusste Verhalten dar. Eine wichtige Rolle spielt es in seinen verschiedenen Ausdrucksformen, die irrationale Elemente beinhalten, wie zum Beispiel der Kunst.

Neben den Instinkten verfügt das ES auch über die gesamte psychische Energie - die Libido. Am einfachsten ist das ES nach Freund durch Traumdeutung und der Methode der freien Verknüpfung zu durchschauen.

Das ICH

Das EGO ist der bewusste Teil der Persönlichkeit, den man als das Ich wahrnimmt. Diese Schicht der Persönlichkeit nimmt die äußere, physische Welt wahr aufgrund der rationalen Merkmale, die es durch Wahrnehmung, Gedächtnis und das Denken aufnimmt.

Das ist die Instanz, die denkt, beurteilt, plant. Im Unterschied zum ES wird das ICH vom Prinzip der Realität geleitet - Instinkte können nicht befolgt werden nur um die Lust zu befriedigen. Doch auch das ICH befriedigt seine instinktiven Triebe, wenn auch auf Umwegen.

Das ICH verschiebt die Befriedigung, wählt annehmbare Situationen und passt sich den Gegebenheiten an.

Nach Freud koexistiert das ICH mit dem ES und dem Über-ICH und nicht mit der Persönlichkeit oder dem Körper - eher versucht es, die anderen Aspekte der Persönlichkeit zu integrieren. Es vermittelt zwischen dem ICH und dem Über-ICH während es verschiedene Schutzmechanismen aufbaut.

Das Über- ICH

Das Über- ICH ist das dritte Level der Persönlichkeit, welches das Gewissen und die Moral darstellt, gebildet aus moralischen und Normprinzipien, die das Verhalten regeln. Diese Struktur, die als letzte gebildet wird, ist das Ergebnis der Einflüsse der Umwelt in der man lebt.

Die wichtigste Aufgabe des Über-ICH ist es, zu verhindern, das Verlangen zu stillen, welches nicht mit der gesellschaftlichen Moral übereinstimmt (hier vor allem sexuelles und aggressives Verhalten) und es aus der Sphäre des Bewussten in die Sphäre des Unbewussten zu drängen.

Zwischen dem ES, dem ICH und dem Über- ICH herrscht eine hierarchische Beziehung, in der das Über - ICH die führende Rolle übernimmt - es kontrolliert, ob das ICH die Aufgaben im Bezug auf das ES ausführt. Das ICH leitet die Aktivität im Bezug auf die Gegebenheiten, in denen es möglich ist, die Instinkte zu befriedigen. Das einzige Problem stellt hier der Fakt dar, dass das ES die Energiequelle ist und von ihm die Aktivität des ICH und des Über- ICH abhängt.

Wenn es sich doch der Kontrolle des ICH entzieht, und ein Instinkt befriedigt wird, bestraft das Über- ICH das ICH und das ist das allseits bekannte schlechte Gewissen.

Nach Freud sind für die Persönlichkeitsbildung die ersten Jahre entscheidend. Was für eine Persönlichkeit sich entwickelt wird bis zum fünften Lebensjahr entschieden. Das Kind geht in seiner Entwicklung durch verschiedene Stadien und in jedem befriedigt es seine grundlegenden Instinkte, vor allem seine sexuellen Instinkte, die seit der Geburt vorhanden sind, auf verschiedene Arten. Also sind die ersten fünf Lebensjahre für die weitere Persönlichkeitsentwicklung richtungsweisend.

Wir haben gesehen, dass sich die Persönlichkeit laufend verändert, aber die Grundpfeiler sind hier gelegt.

Kommt es zwischen dem ES, dem ICH und dem Über- ICH zu Konflikten, wird die Persönlichkeit verunsichert und ängstlich. Der Mensch versucht dann, sich seiner Furcht zu befreien, indem er verschiedene Abwehrmechanismen aufbaut. Diese Abwehrmechanismen maskieren und verzerren die Motive und Ziele, die das Über- ICH nicht annimmt und das ES verwirklichen möchte, wenn auch nur indirekt und teilweise.

Häufen sich die Konflikte zwischen dem ES, dem ICH und dem Über-ICH und werden immer heftiger, kommt es zu Verhaltensstörungen,

Neurosen und psychischen Erkrankungen.

12- Behaviorismus

Der Behaviorismus ist die radikale Strömung der objektiven Psychologie, gegründet vom Psychologen J.B. Watson, der meinte, dass das grundlegende Ziel der Psychologie die Vorhersage und die Kontrolle des menschlichen Verhaltens ist.

Das Thema der Psychologie kann nur das objektive Verhalten bzw. das Verhalten und der Verhaltenseffekt sein, die man objektiv aufnehmen und messen kann, und nur das wird als Methode anerkannt.

Das bedeutet, dass nur der Reiz und die darauf folgende Reaktion zu beobachten sind.

Watson hat bei der Persönlichkeitsbildung die Genetik vollkommen außer Acht gelassen und betont, dass nur durch erlernte und von der Umwelt aufgenommene Verhaltensmuster die Persönlichkeit bilden.

Das Bewusstsein war genauso wenig Thema dieser Richtung und ist durch das Verhalten ersetzt worden.

Die Persönlichkeit wurde als Verhaltenssystem definiert und das Verhalten als das Resultat der äußeren Bedingungen, die man bestimmen kann. Das Ziel war es, das Verhalten vorauszusehen und es zu kontrollieren.

Der Mensch ist ein Hedonist und nur darauf ausgerichtet, Schmerz zu vermeiden und Zufriedenheit zu erlangen. Das Verhalten ist unter dem Einfluss der Umwelt erlernt und ist besteht aus einer Reihe von Assoziationen.

Unterschieden wird Klassischer, Radikaler und Neobehaviorismus. In den 1970-er Jahren wurde der Behaviorismus zunehmend vom Kognitivismus abgelöst, doch immer noch gibt es behavioristische Strömungen in der Psychologie.

13- Erlernte Hilflosigkeit

Viele erleben in der frühen Kindheit unangenehme Situationen in der Familie. Die Eltern sind mehr als nervös wegen des Jobs, wegen Geldmangels, des unbefriedigenden Ehelebens oder auch belanglosen Kleinigkeiten und wissen sich nicht anders zu helfen, als den Frust am Kind auszulassen - das Kind bekommt es zu spüren. Für jede Kleinigkeit, die es anstellt, wird es bestraft.

Es versucht sein Verhalten zu ändern, um es den Eltern recht zu machen, doch auch das ist vergebliche Müh´, denn es wird für alles und jedes bestraft. Also sieht es, dass es alles gut machen kann und trotzdem seine regelmäßige Strafe abbekommt und fühlt sich hilflos. Deshalb versucht es auch nicht mehr, sich für die Eltern zu verändern - es lohnt sich nicht.

Dieser Zustand, wenn ein Mensch erkennt, dass er seine Situation nicht ändern kann, so sehr er sich such bemüht, wird in der Psychologie Erlernte Hilflosigkeit genannt.

Der US- amerikanische Psychologe M. Seligman hat diesen Zustand bei seinem Vater sehr früh bemerkt, da dieser durch mehrere Schlaganfälle zum Pflegefall wurde und immer tiefer in emotionale und physische Hilflosigkeit glitt.

Seligman experimentierte zuerst mit Tieren. Er teilte Hunde in zwei Gruppen in Käfige und verpasste ihnen Elektroschocks. Die Hunde in Käfig 1 hatten keine Möglichkeit, den Elektroschocks auszuweichen, im Käfig 2 gab es Stellen, wo sie sie nicht zu spüren bekamen.

Die Hunde aus Käfig 1 lernten, diese unangenehmen Elektroschocks zu ertragen, das sie ihnen nicht ausweichen konnten - entwickelten die *erlernte Hilflosigkeit* - die anderen aus Käfig 2 lernten, dass sie den Schocks ausweichen konnten - sie konnten etwas dagegen tun, nämlich einen Platz suchen, wo sie sie nicht spürten.

Als dann alle Hunde zusammen in einen Käfig gesperrt wurden, wo es Stellen gab, an denen man die Elektroschocks nicht spürte, haben die Hunde aus dem Käfig 2 nach einigen Versuchen gelernt, dass sie ein Hindernis überspringen mussten um einen sicheren Platz zu finden. Die Hunde aus Käfig 1 haben es am Anfang auch versucht, diese sichere Stelle zu finden, es aber bald aufgegeben und sich dem Schicksal ergeben, so wie sie es gelernt haben. Selbst als der Versuchsleiter versuchte, sie zu dieser sicheren Stelle zu locken, haben sie nichts getan, um ihrem Schicksal auszuweichen und sich ergeben.

Und genau so verhält es sich bei Menschen - ein- zwei Mal versucht man etwas, es gelingt nicht und der Mut verlässt uns.

Nehmen wie Eislaufen, Tanzen, Fremdsprachen lernen, irgend etwas.

" Ich schaffe das nicht!" " Ich bin zu blöd dafür!" "Alle anderen können das aber es ist wohl nichts für mich!" "Ich geb´auf!" " Wenn es der Manni nicht kann, werde ich es wohl auch nicht schaffen".

Man denkt gar nicht daran, wie oft es die anderen, denen irgendetwas gut gelingt, probiert haben und es nicht geklappt hat bis sie es dann drauf hatten. Aber sie ließen sich nach dem zweiten, zehnten oder dreißigsten Versuch nicht entmutigen.

Bleibt ein Kleinkid für immer sitzen und robbt fort an nur noch durch die Gegend, wenn es ein paar Mal bei seinen Gehversuchen hinfällt?

Nein!

Und jeder von uns war ein Kleinkind und hat laufen gelernt, hat Sprechen gelernt und das war für uns damals ja auch eine Fremdsprache, wir konnten bis dahin nur "guguuuu, bababa" sagen.

Auch als größeres Kind haben wir alle Fahrradfahren gelernt wobei wir vermutlich eine Menge blauer Flecken und schlimmeres kassiert haben, aber haben wir uns entmutigen lassen?

Nein!

Was sind denn die Gründe, die zur erlernten Hilflosigkeit führen?

Persönliche gegen allgemeine Gründe

Man sieht den Misserfolg in einer seiner (Un-)Fähigkeiten oder Eigenschaften und glaubt, dass nur man selbst nicht imstande ist, ein Problem zu lösen, das alle anderen lösen können.

Auf der anderen Seite denkt man auch, wenn es jemand, dem man es zugetraut hätte, dieses Problem nicht lösen kann, dann kann man es selber bestimmt auch nicht.

Es ist wie die Geschichte über die Hummel, die eigentlich wegen ihres Gewichts gar nicht fliegen können sollte, aber die Hummel weiß das nicht und fliegt trotzdem lustig durch die Welt.

Globale gegen spezifische Ursachen

In Erwartung neuer Misserfolge, die mit dem konkreten Fall nichts zu tun haben oder die Beschränkung auf eine vorhergehende Situation lässt es einen nicht mal versuchen, das Problem anzupacken.

Langanhaltende gegenüber vorübergehende Ursachen

Man glaubt, dass die Ursachen für Misserfolg immer wiederkehrende Faktoren sind, und man sie nicht umgehen kann oder dass es sich um Faktoren für diese bestimmte Situation handelt, und man es bestimmt nicht schafft.

Wenn man den Misserfolg einer spezifischen oder vorübergehenden Ursache zuschreibt, kommt es zu einem kurzzeitigen Gefühl der Hilflosigkeit durch die man die erlernte Hilflosigkeit nicht entwickelt, auch wenn es sich in der Zukunft noch einige Male wiederholt.

Schreibt man den Misserfolg aber globalen und langanhaltenden Ursachen zu, leidet nicht nur die Motivation, sondern die negativen Gedanken überwiegen, der Glaube an sich selbst sinkt immer mehr.

Wird der Misserfolg an persönliche langanhaltende Ursachen gebunden, kommt zu den oben genannten negativen Gefühlen auch Enttäuschung dazu sowie Reue und Traurigkeit. Selbstkritik und Schuldgefühle ergänzen diese negativen Emotionen und das alles ist eine der möglichen Ursachen von Depression.

14- Die Lebenslust wecken

Wer schon mal ein Burnout hatte, depressiv war, weiß, was das bedeutet. Das ist nicht ein Tag, an dem man schlechte Laune hat. Das ist eine dunkle Phase, ein schwarzes Loch, das alle positiven Gedanken verschluckt, die Lebensenergie auf Sparflamme schaltet und das Wort Motivation ein Begriff aus einer anderen, unbekannten Galaxie wird.

Man erinnert sich noch, wie man empfundene Freude gezeigt hat und spielt sie vor mit einer Grimasse, die einem Lächeln ähnelt, um die anderen davon zu überzeugen, dass es einem gut geht, aber im versteinerten Inneren fließen unaufhörlich Tränen und man weiß selbst nicht mehr, warum und man glaubt auch nicht, dass das je aufhören wird. Man legt auch nicht viel Wert drauf.

Jede Bewegung, jede Aktivität scheint sinnbefreit zu sein. Wozu soll man aufstehen, duschen, hinaus gehen, Menschen treffen wenn man den ganzen Tag auf der Couch oder im Bett liegen kann ohne sich zu rühren, ohne einen Gedanken zu fassen. Einfach liegen und existieren. Nichts bemerken. Nichts bemerken wollen, weil es zu anstrengend ist.

Wenn man in dieser Situation ist, dann ist der Weg zum Arzt ein Muss. Selbst der größte Gegner der chemischen Keule und Antidepressiva muss etwas nehmen, sonst sieht er keinen Ausweg und findet nicht den Weg zurück, in das Leben, das er mal hatte, wo es Lust und Wille und Freude und Glück gab. Und auch das Gespräch mit einem Psychologen ist ein guter Rat. Selbst zu sprechen fällt schwer, wird aber mit jedem Mal einfacher.

Dann macht es irgendwann "klick" und man will die Lebenslust wieder wecken. Man will nicht vegetieren, man will leben!

Was bedeutet überhaupt "die Lebenslust wecken"?

Soll man quietschfidel über eine Wiese hüpfen und "Let the sunshine in" singen oder wie?

Lebenslust ist eine Stimmung, ein emotionaler Ton, der unsere Tage und alles was wir tun, in bunte Farben taucht. Es ist eine Einstellung, mit der wir dem Leben und allem, was es ausmacht, begegnen.

Es ist für jeden etwas anderes, eine allgemein gültige Definition von Lebenslust gibt es nicht.

Es kann das Rauschen eines Gebirgsbaches sein, der leicht über jeden Stein fließt, der im Bachbett liegt.

Es können aber auch Kinder sein, die frei und fröhlich, unbefangen und sorglos miteinander spielen.

Vielleicht ist es jemand, der wahrlich frei sein Leben lebt, unabhängig von den Umständen und auch wenn sich auf seinem Weg ab und zu Hindernisse befinden.

Wenn dieser Jemand sich dessen bewusst ist, wie wertvoll und besonders sein Leben ist, dann spürt er die Lebenslust.

Wie kann man Lebenslust erreichen?

Mit dem Gedanken und dem Druck, dass man jetzt unbedingt lebenslustig sein möchte, erreicht man erst mal gar nichts. ("Jetzt reiß dich mal zusammen und sei glücklich!")

Erst wenn wir selbst einsehen, dass unser Leben wertvoll ist und uns klar wird, wie viel Möglichkeiten uns zum Freuen geboten werden und wenn wir bereit sind, diese zu erkennen und zu umarmen, dann können wir Lebenslust verspüren.

Wenn wir den Blickwinkel verändern und von dem, was wir nicht haben und was wir nicht sind auf das schauen, was wir haben und sind, können wir Lebensfreude empfinden.

Und wenn wir dankbar sind für das, was wir haben, dann erst können wir Lebensfreude empfinden.

Wenn wir im Hier und Jetzt sind, können wir Lebenslust verspüren.

Die Vergangenheit, die wir kennen, ist vergangen, die Zukunft, so unbekannt wie sie uns ist, kommt erst und wir haben nur einmal diesen Augenblick, in dem wir gerade sind. Freuen wir uns über ihn.

Menschen, die in der Vergangenheit leben, ihr nachtrauern, vergeuden ihre wertvolle Lebensenergie auf Situationen, die nicht mehr rückgängig gemacht oder verändert werden können.

Sie tragen ihre alten Emotionen mit sich herum, sehen und fühlen das, was mal war und übersehen dabei die Schönheit des Moments, in dem sie gerade sind.

Loslassen fällt manchen Menschen schwer. Ist ein Familienmitglied, ein Freund verstorben, wurde man verlassen, hat man seinen Lebenstraum aufgeben müssen fällt es schwer, auch den Gedanken an diese Person oder den Traum loszulassen, denn dann, glaubt man, hat er auch nie existiert.

Es braucht Kraft und Mut, sich einen Ruck zu geben und mit den alten Gedanken abzuschließen. Nicht zu vergessen, nur nicht von ihnen jeden Gedanken beeinflussen zu lassen.

Lebensfreude muss man lernen, wenn man sie verlernt hat, man muss bereit sein, sie zu erkennen, sie zuzulassen. Vielen fällt es schwer, vor allem wenn sie nicht ganz blutjung sind, wieder Lebensfreude zu verspüren.

Manch einer muss sich seiner inneren Fesseln lösen und wie ein Kind lernen, was Lebensfreude für ihn bedeutet, weil er verlernt hat, die kleinen schönen Schätze des Alltags zu erkennen, den Sinn des Lebens neu entdecken.

15- Der Sinn des Lebens

Der Sinn des Lebens ist ...ähm...

Woher komme ich?

Wohin gehe ich?

Warum bin ich überhaupt hier?

Die Antworten " Ich komme aus Berlin, möchte nach Köln, und bin hier, weil ich einen Freund besuche" könnten in einem anderen Fall ja richtig sein, aber wir wollen die Sache mal aus einem anderen Blickwinkel betrachten.

Schaut man auf diese Fragen vom ***philosophischen Aspekt***, wird man sich sehr bald in noch mehr Fragen verlieren, die man nicht oder nur sehr schwer beantworten kann.

Warum?

Man schaue sich nur die Werke von Nietzsche oder Camus an!

Sobald man glaubt, eine beantworten zu können, öffnen sich zehn weitere, die immer tiefer und tiefer gehen. Auf einmal blickt man auf sein Leben von einer neuen Seite, sieht Kleinigkeiten, mit denen man sich nie befasst hat und kommt statt zu neuen Erkenntnissen eher zu noch mehr Fragen.

Das sich heutzutage Philosophen nicht mehr so viel mit eben dieser Frage über den Sinn des Lebens beschäftigen ist auch dadurch beeinflusst, dass der Lebenssinn „subjektiviert“ wird.
Wann fängt man überhaupt an, nach dem Sinn des Lebens zu suchen?
Schauen wir mal diese zwei Situationen an:

1. Eine junge Familie, Vater, Mutter, zwei Kinder- ein wunderschöner sonniger, warmer Sonntag. Man frühstückt im Garten, Mama und Papa räumen zusammen das Geschirr weg und die tolle Küche auf, die Kinder helfen mit. Sie lachen zusammen, freuen sich auf den bevorstehenden Ausflug. Da geht es in einen Abenteuerpark, wo sich die Kinder austoben können. Danach ist man bei den Schwiegereltern zum Mittagessen eingeladen. Es schmeckt hervorragend, die Schwiegermama hat sich selbst übertroffen und der Streuselkuchen war auch köstlich. Man sitzt noch lange Im Garten, unterhält sich und fährt müde aber glücklich nach Hause. Die Kinder packen ihre Sachen für den nächsten Schultag, duschen, schauen ein wenig Fern und werden von Papa ins Zimmer gebracht, er liest ihnen eine Geschichte vor und sie schlafen zufrieden ein. Die Eltern sitzen noch ein Wenig zusammen und erfreuen sich des Lebens.

2. Eine junge Familie, Vater, Mutter, zwei Kinder- ein wunderschöner, warmer sonniger Sonntag. Draußen. Drinnen ist die Atmosphäre anders, ein bisschen bedrückt, man hat nicht so viel Sonnenlicht drinnen. Die Mama schläft noch, die schläft immer so lange weil es ihr nicht gut geht. Papa kommt erst später nach Hause, er arbeitet auch Sonntags. Die Kinder haben Hunger und gehen in die Küche, um etwas zum Essen zu finden und machen sich selbst das Frühstück. Sie bringen auch der Mama etwas, aber die kann jetzt nicht, weil sie krank ist. Die Mutter arbeitet nicht mehr. Sie liegt im Bett und weint oft. Die Kinder wissen nicht warum, aber es ist auch für sie bedrückend, sie so jeden Tag zu sehen. Ausflüge machen sie keine, weil kein Geld für solchen Luxus da ist. Die Kinder gehen meist allein zum Spielplatz im Hof und spielen mit den anderen Kindern. Oma und Opa kommen nicht so oft vorbei.
Wenn Papa nach Hause kommt ist er müde, da hat er keine Lust auch noch Geschichten vorzulesen. Er muss eh noch was kochen, denn die Mama kann das nicht mehr. Der Vater schaut dann Fern und schläft ein.

Man verzeihe mir bitte, das ist jetzt mal ganz grob und wirklich klischeehaft dargestellt! Aber trotzdem versteht man, worauf ich hinaus will: welche von den Personen machen sich mehr Gedanken über den Sinn des Lebens, die aus der ersten oder die aus der zweiten Geschichte?

Ja, wir kommen gar nicht drauf, uns mit den philosophischen Aspekten unseres Daseins zu beschäftigen, wenn es uns wirklich gut geht, wir Spaß haben und unser Leben ausgefüllt ist mit Erlebnissen, die wir uns ausgesucht haben und die uns große Freude. Wenn wir soviel haben, dass wir uns keine Gedanken machen müssen, wie wir uns und unsere Familie satt kriegen und den Monat bis zum nächsten Lohn überstehen. Wenn wir spontan Sachen unternehmen können, weil wir Lust darauf haben- ein Konzert, ein Kinobesuch, Theater, ...

Erst wenn das Leben uns einen Tritt verpasst, wir ohne Arbeit sind, die Gesundheit verlieren oder ein naher, lieber Mensch für immer von uns geht, fangen wir an zu grübeln.

Dann suchen wir nach dem Sinn des Lebens, nach einer Idee, was das überhaupt sein könnte. Denn wir sehen kein Licht am Ende des Tunnels, sehen nicht, dass es uns bald besser gehen wird, finden keine Lösung für unsere Probleme und nehmen unser Schicksal so, wie es uns getroffen hat.

Für manche ist der Sinn des Lebens ein Keller voller Geld wie bei Dagobert Duck. Was sie konkret damit machen werden, wissen sie nicht, aber sie wünschen es sich. Andere finden den Sinn des Lebens in der Familie, Liebe und Zusammenhalt, für die Dritten kann es sonst was sein. Wenn man 50 Menschen befragt, was der Sinn des Lebens ist, bekommt man fünfzig verschiedene Antworten.

In der Bibel wird gesagt, dass das Leben auf Erden sinnlos oder nicht

gerecht ist und wir hier nur zum Lernen sind, dass das ewige Leben nach dem Tod der eigentliche Sinn und Zweck unseres Daseins ist, welcher erst nach dem Tod erreicht wird.
Diese Definition erfüllt nicht jedermanns Geschmack und Idee vom Sinn des Lebens.

Betrachtet man **d**ie Sache vom biologischen Aspekt aus, könnte man sagen, dass es nur einen Sinn im Leben gibt, nämlich die Arterhaltung. Die Evolution kümmert sich nicht um den Einzelnen, sondern um die ganze Art, ob es sich um Tiere oder Menschen handelt.

Menschen haben jedoch ein Bewusstsein, sie denken und grübeln über sich selbst nach, über ihre Gedanken, Gefühle, ihr Verhalten. Sie denken über andere Menschen nach und über die Liebe und über das Leben.
Gerade das Bewusstsein ist die psychologische Funktion, die uns dazu bringt, unser Leben, unsere Ziele und den Sinn zu kreieren. Wenn man das so betrachtet, gibt es mehr als nur einen Sinn in unser aller Leben, mehr als nur einen Grund, der uns am Leben erhält. Es gibt nur die universelle Notwendigkeit der Menschen, ihrem Leben, ihrer Existenz DEN einzigartigen Sinn zu geben.

Aktivitäten

Da der Mensch von Natur aus aktiv war und ist, fällt ihm das passiv sein nur schwer, wenn es nicht gewollt ist und lange dauert. Je aktiver man ist, desto mehr Sinn sieht man in seinem Handeln.

Das "Wir-Gefühl" und Liebe

Die Zugehörigkeit zu bestimmten Gruppen und Organisationen, soziale Zugehörigkeit stärkt das Wir- Gefühl. Und Liebe und alles was sie mit sich bringt, ist die größte Antriebskraft, die dem Menschen einen Sinn im Leben gibt.

Altruismus und Moral

Nicht nur die eigenen sondern auch die Bedürfnisse anderer zu erkennen und ihnen zu helfen, wenn sie nicht selbst in der Lage sind, gibt vielen einen Sinn in ihrem Leben. Menschen, die empathisch sind, finden ihn in diesen Aufgaben, wie z.B. in gemeinnützigen Organisationen usw.

Selbstverwirklichung

Durch Arbeit zur Selbstverwirklichung um nützlich oder unabhängig zu werden bringt manchen Menschen den nötigen Sinn im Leben. Ihre Träume von dem Job zu verwirklichen, von dem sie schon immer geträumt haben, macht sie zufrieden und glücklich.

Kreativität

Einen starken Schub innerer Zufriedenheit verspürt der Künstler, wenn er sein Werk vollendet oder auch noch an ihm arbeitet. Für ihn ist kreatives Schaffen der Sinn des Lebens.

Zufriedenheit

Glücklich ist, der sich auch an kleinen Dingen erfreuen kann und ihm diese Zufriedenheit bringen. Zufriedenheit ist das, wonach die meisten streben und sie sehen in ihr den Sinn des Lebens.

Wenn einer jedoch partout nicht drauf kommt, was sein Sinn des Lebens sein könnte, für den gibt es die Logotherapie, die Sinnfindung, wo jeder selbst die Definition seines persönlichen Sinns herausfinden und in weiterer Folge ausleben kann.

16- Logotherapie

Logotherapie ist die Therapie der Sinnfindung. Die Bezeichnung stammt aus dem Griechischen uns setzt sich zusammen aus den Worten *logos* für Sinn und *therapeia für pflegen, behandeln.*

Schon vor knapp hundert Jahren hat Viktor Frankl, Psychiater und Neurologe aus Wien, die Logotherapie entwickelt.
Er selbst verlor während des 2. Weltkriegs seine gesamte Familie.
Das Leid, dass er ertragen hat, bestärkte ihn darin, dass der Sinn des Lebens alles andere übersteigt. Er entwarf das System der Logotherapie, die sich mit dem Sinn des Lebens befasst und entwickelte eine therapeutische Technik, mit der dieser zu finden ist.
Diese Theorie fasste er zusammen unter den drei Begriffen:

- freier Wille

- Wille zum Sinn

- Lebenssinn

Eine wichtige Grundthese der Logotherapie ist, dass die existenzielle Frustration (Verlust des Lebenssinns) zum Zustand der Sinnlosigkeit des Lebens, zu einem existenziellen Vakuum führen kann. In weiterer Folge bringt das noogene Neurosen mit sich- der Mensch verspürt ein tiefes Gefühl der Sinnlosigkeit, wenn er nicht gefordert wird, in einer Art und Weise, die ihn anspricht. Diese Neurosen sind nicht psychologisch sondern geistig bedingt und werden durch die äußere

Umwelt beeinflusst.

Die Hauptursache vieler Krankheiten sieht es also in der Abwesenheit des Grundes und des Sinnes, was eine psychische Unruhe hervorruft. Man fühlt sich ohne Ziel, ohne Sinn, leer.

Die Logotherapie lehrt, dass es im Leben einen objektiven und allgemeinen Sinn gibt, der den Glauben an das Leben und das Verantwortungsgefühl erweckt. Da der Mensch frei und verantwortungsbewusst ist, lässt Frankl keinen Determinismus (soziale, psychische, biologische Vorbestimmung) zu, der sein Schicksal lenkt.
Es ist sozusagen jeder seines Glückes Schmied und imstande, die Werte des Lebens zu entdecken. Auf diesem Weg führt ihn das Gewissen als "Sinnesorgan".

Die Logotherapie ist nicht nur eine Technik, sondern eine Fähigkeit, mit der sich Menschen selbst helfen, den Sinn in ihrem Leben zu finden:
Der ist ja schon in einem selbst, und zwar verdeckt als seine Fähigkeiten, Möglichkeiten. Der Mensch wird mit sich selbst konfrontiert damit er sich allein dieser verborgenen Fähigkeiten und Möglichkeiten bewusst wird, sie erkennt und sie in Lebenswerke umwandelt. Damit wird auch das Selbstbewusstsein gestärkt und man entwickelt die Fähigkeit, sein Leben zu meistern, mutige Lösungswege zu finden, Entscheidungen zu treffen, sich Ängsten zu stellen, Langeweile und Hoffnungslosigkeit zu überstehen und andere Schwierigkeiten, die sich von Zeit zu Zeit in den Weg stellen, zu

überwinden.

Den Sinn des Lebens findet man nicht, indem man im Unterbewusstsein und den Trieben herumstochert, das Leben vom ersten Schrei an analysiert. Man findet ihn, indem man sich seiner, oftmals verborgenen, Möglichkeiten im geistigen Wesen und seinem Umfeld bewusst wird. Diese Erkenntnis fließt ein in ein sinnvolles und zukunftsorientiertes Leben.
Bei der Sinnfindung hilft man Menschen in Gesprächen, in denen sie geleitet und ermutigt werden, über ihr Leben nachzudenken. Sie werden dazu gebracht, früher unerreichte persönliche Potenziale in sich selbst zu finden.

Mit Empathie (Einfühlungsvermögen, Verständnis für den Menschen) hilft der Therapeut seinem Gesprächspartner

- die Aufmerksamkeit auf seine früheren Erlebnisse zu lenken

- seine Meinung dazu zu äußern

- diese früheren Erfahrungen und Erlebnisse auf eine neue Weise zu betrachten, wodurch sich der Blick darauf und auf sich selbst verändert, in Übereinstimmung mit der Erkenntnis und der Wahl neuer Inhalte des Lebenssinns

- er anfängt, an sich selbst zu glauben und selbständig Entscheidungen zu treffen

17- Die Lebensaufgabe

Schon in einem früheren Buch war die rede von der Lebensaufgabe, der **inneren Berufung**.

Viele kennen nicht den Sinn ihres Lebens, aber der interessiert sie auch nicht. Sie haben keine konkreten Inhalte, die ihr Leben ausfüllen und lassen sich treiben im Sinne von "Mal sehen, was der Tag so bringt".

Sie haben nicht nur keinen Sinn sondern auch keine Ziele, die sie erreichen wollen und keine Wünsche, die sie sich in der Zukunft erfüllen wollen. Sie lassen es mal auf sich zukommen, mal schauen...

Fragt man sie, warum das so ist, kennen sie keine konkreten Antworten darauf, außer dass sie ihre Freiheit genießen wollen und sich vom System nicht unterkriegen lassen.

Auf der anderen Seite kommen sie auch mit Veränderungen, die mit dem Wunsch, ein Ziel zu erreichen, einher gehen, nicht besonders gut klar. Die Motivation, die sie verspüren, ist nicht stark genug, sie lassen es lieber sein. Im Geiste wären sie vielleicht sogar willig, aber nicht willig genug.

Da sind diejenigen glücklich, die ihre Lebensaufgabe, ihre innere Berufung gefunden haben.
Die muss man meistens nicht suchen, sie schlummert in uns und manchmal wird sie auch laut und verlangt danach, heraus zu dürfen.

Jeder, der einen Traum hat, hat schon darüber nach gedacht, ihn zu verwirklichen.
Einige fanden es zu schwer und zu kompliziert, hatten Angst, ihren Alltag, ihre Komfortzone zu verlassen, hatten schon im Vorhinein aufgegeben, weil sie denken dass sie sowieso scheitern werden.
Andere haben den entscheidenden Schritt gewagt, haben sich informiert, haben gemacht und getan und leben ihren Traum.

Erst war es ein Gefühl. Dieses Gefühl ist zu einer Idee geworden, die Idee führt zum Handeln und eins ergibt das andere.

Der muss kein sensationeller Erfolg sein, auch die Erfüllung kleiner Träume macht glücklich, denn es sind unsere Träume, die wir leben dürfen.

Psychologie ist für uns alle allgegenwärtig, sie lässt uns, wenn wir es zulassen, erkennen, was gerade schief läuft, in uns und mit uns und dann zeigt sie uns auf, was wir tun könnten um die Situation zu verbessern.

Wir schöpfen aus dem Vollen, aus unserm Unterbewusstsein, das gefüllt ist mit unserer eigenen und Jahrtausende alter Erfahrung, die wir mit unseren Genen vererbt bekamen.

Wir können uns selbst wieder finden, wenn wir uns auf unserem Weg verloren haben. Oder wir können anderen helfen, ihren Weg zu finden, es hängt von uns ab.

Wenn wir wissen, wie wir selbst "funktionieren", können wir auch andere besser verstehen und unseren Alltag besser kreieren, Menschen anders begegnen, als wir es vorher getan haben. Mit Respekt und Freundlichkeit.

Haftungsausschluss & Impressum

Die Inhalte dieses Buches wurden mit größter Sorgfalt erstellt. Für die Richtigkeit, Vollständigkeit und Aktualität der Inhalte können wir jedoch keine Gewähr übernehmen. Sie spiegeln die persönliche Meinung, die ausführliche Recherche und die Meinung des Autors wieder. Der Autor übernimmt daher keine juristische Verantwortung oder Haftung für Schäden, die durch eventuelle Fehler oder kontraproduktive Ausübung durch den Leser entstehen. Dieses Buch ist eine Anleitung zu möglichen Erfolgsstrategien und keine Garantie für Erfolge. Der Autor übernimmt daher keine Verantwortung für das Nicht-Erreichen der im Buch beschriebenen Ziele.

Beytullah Satilmis Copyright_©: Beytullah S.
Kronstraße.21, 47166 Duisburg
017657766231

31218564R00045

Printed in Poland
by Amazon Fulfillment
Poland Sp. z o.o., Wrocław